RETOUR

DE

L'ARMÉE D'ITALIE

OU

REVUE

SUR LA RÉCEPTION DONNÉE AU MARÉCHAL CANROBERT

PAR LA VILLE DE NANCY.

Audentes fortuna juvat.
VIRGILE.

PAR J. GÉRARD.

SE TROUVE :

CHEZ L'AUTEUR, RUE DU MONTET, 64, A NANCY,

Et à l'imprimerie, passage du Casino.

RETOUR

DE

L'ARMÉE D'ITALIE

OU

REVUE

Sur la Réception donnée au Maréchal CANROBERT

PAR LA VILLE DE NANCY.

Audentes fortuna juvat.
VIRGILE.

PAR J. GÉRARD.

NANCY,

IMPRIMERIE ET LITHOGRAPHIE VEUVE NICOLAS,
Passage du Casino.
1860.

REVUE

SUR

LA RÉCEPTION DONNÉE AU MARÉCHAL CANROBERT

PAR LA VILLE DE NANCY.

L'étoile de l'Empire en sa course rapide,
Nous ramène aujourd'hui notre souverain guide,
Que la Lorraine attend de la plus vive ardeur,
Glorifiant son nom, sa sublime grandeur;
Et de l'édilité l'extrême vigilance (1)
Vient adresser les vœux de sa reconnaissance,
Au nom de la Cité, de tous ses citoyens,
Et de nos vétérans réunis aux Vosgiens!
Fiers de revoir l'Empire à sa brillante aurore,
En ces nouveaux succès du drapeau tricolore.

L'air mugit au lointain annonçant la vapeur,
Le villageois tressaille, accueille avec ferveur
Le plus ferme soutien de la vertu guerrière,
A l'abnégation, vouant sa vie entière.
Un preux des temps jadis, noble et simple, courtois,
Chef actif et prudent, généreux à la fois,

(1) M. le baron Buquet, maire de Nancy, accompagné de M. le Secrétaire général de la Préfecture et de M. le comte Molitor, premier adjoint, et des Membres du Conseil municipal se sont rendus à la gare du chemin de fer, à l'arrivée du Maréchal, où une foule compacte attendait avec impatience. M. A. Lenglé, préfet de la Meurthe, s'était fait représenté pour cause de deuil.

D'un pouvoir éminent, adouci par ses charmes,
Des guerres de partis écarte les alarmes ;
S'apprête à recevoir en ce glorieux jour,
De la voix populaire, un prix de son amour.

Soudain le tambour bat, la trompette résonne, (1)
Une vierge au front pur, apprête une couronne ;
Le char, tout rayonnant de gloire et de splendeur,
Apparaît triomphant aux yeux du spectateur ;
Et la musique en tête ouvrant son répertoire,
Entonne en son honneur, l'hymne de la victoire.
L'enthousiasme éclate, augmente ce concert
De : Vive l'Empereur et Vive Canrobert.

D'un pas majestueux, le cortège s'avance,
Déjà sur son passage, on se presse, on s'élance ;
Pour admirer l'aspect de ce joyeux retour,
Qu'un peuple glorifie en son noble parcour,
Tout s'agite, s'émeut, abandonnant un guide,
La foule, comme un flot, marche sous son égide ;
Des bourgs et des hameaux, accourt le vétérant,
Pour voir de l'Empereur l'humble représentant.
Du général Drouot (2), rappelant la mémoire,
Ainsi que lui, fidèle à son prince, à sa gloire,
Valeureux comme lui, calme dans les combats,
Et ménageant, surtout, le sang de ses soldats,

(1) Arrivée du Maréchal à la gare du chemin de fer, le 2 octobre 1859.
(2) Sa statue sur la place de Grève, l'une des plus belles et des plus vastes
dé cette ville, offre aux yeux du spectateur un magnifique tableau.

D'un ennemi vaincu par un effort sublime,
Il méritait sa haine, à la fois, son estime.
Déjà l'histoire inscrit ces guerriers généreux,
Qui serviront toujours d'exemple à nos neveux.

Sur son bloc de granit, quelle est donc cette image
Qui frappe nos regards, montre à notre passage,
Son front méditatif ? son air calme et rêveur
Du flot impétueux n'entend point la rumeur.
Ce bronze d'un guerrier serait-il la statue ?
Oh non ! car à ses pieds repose une charrue,
Et de cet instrument il fût le novateur,
C'est de l'homme des champs l'habile précepteur.;
Le père du travail de notre agriculture,
Un penseur, un savant, cœur bon, plein de droiture,
De l'antique Lorraine un des nobles enfants,
Jalouse de son nom, de ses rares talents ;
C'est Mathieu de Dombasle (1), un bienfaisant génie,
Mémoire révérée et de chacun bénie.

Devant sa grande image, arrêté, découvert,
L'air ému, recueilli, l'illustre Canrobert,
Ce guerrier au front ceint de rayons tutélaires,
Fervent admirateur, des vertus populaires,

____

(1) Christophe-Joseph-Alexandre Mathieu de Dombasle, né en 1777, agronome distingué, auteur du Calendrier du bon cultivateur et de plusieurs ouvrages scientifiques sur le commerce et l'agriculture, mort en 1845. (Statue érigée sur la place Dombasle, par souscription universelle, en 1850.)

Pieusement s'incline, oubliant ses lauriers,
Il rêve toits de chaume et jeux de chevriers;
Il entend le hautbois du berger qui s'inspire,
Le vent dans les roseaux, qui mollement soupire,
Lui qui n'entendait plus que la voix du clairon,
Le bruit sourd des tambours et celui du canon;
Il paraît envier de ce talent modeste,
La gloire, les bienfaits, de sa vie humble, agreste;
La palme, se dit-il, qui couronne un savant,
Comme nos fiers lauriers n'est point teinte de sang;
Quelle fatalité nous force à nous détruire!
Et l'homme généreux péniblement respire,
Ah! quand la paix surgit, tel qu'un romain vainqueur,
Il encourage encor le soldat laboureur.

Au pays, consacrer sa fortune et ses veilles;
Jaloux de son bonheur, enfanter des merveilles;
Par de nombreux travaux, par de constants essais,
Dompter l'âpre nature, et ravir ses secrets;
Fertiliser nos champs; propager la science;
Ramener en tous lieux, la joie et l'abondance;
Et pour tant de labeurs, ne vouloir en retour,
En nous rendant heureux, qu'obtenir notre amour;
C'est là, faire un emploi bien noble de sa vie,
C'est offrir au progrès, ses bras et son génie.

Mais, veiller à sa gloire et pour le protéger,
Courir à son secours, à l'heure du danger;

Une épée en main, sur un champ de bataille,
S'élancer, sans palir, au feu de la mitraille ;
Et pour lui, chaque jour, braver cent fois la mort,
N'est-ce pas le plus digne et le plus noble sort ?
Oui ! l'art ingénieux du grand homme de guerre,
Fait triompher les droits des peuples de la terre.

Et l'homme courageux qui défend son pays,
Reçoit pour récompense un des plus noble prix :
Chacun de nous lui doit ses respects, son hommage,
Soudain d'un mot ami, vient fêter son passage,
Son nom béni de tous retentit en ces lieux,
D'immortels souvenirs s'élèvent jusqu'aux cieux.

Quand retentit encore le glas des funérailles,
Oh ! qui nous redira ces sanglantes batailles,
Ces luttes de géants, ces merveilleux combats,
Où couraient, sans trembler, nos valeureux soldats ?
L'Afrique, l'Italie et l'Orient, de flamme,
Rappellent ces hauts faits que l'histoire proclame,
Ee ce nom glorieux qui fait vibrer le cœur
De ce peuple guerrier, juste appréciateur.
Du haut d'une colonne à la gloire érigée (1)
Du père du soldat, du sage de l'armée,
Le grand aigle descend, d'un rapide abandon,
Apportant des lauriers pour couronner son front.

(1) Allusion faite à l'arc de triomphe de la porte Stanislas.

Au milieu de la foule armons-nous de courage,
Inscrivons à l'instant, la plus brillante page (1),
A de nouveaux succès, le triomphe certain,
Enflamme tous les cœurs au nom du Souverain ;
Et de l'enthousiasme une voix formidable
Accuse ses transports au lien le plus durable ;
L'esprit national, consacre tous ses vœux,
Et sa reconnaissance aux guerriers belliqueux.
La nature, à son tour, étale ses merveilles,
Ses produits enchanteurs emplissent ses corbeilles,
La rose et le jasmin ; le myrthe et l'olivier,
En guirlandes de fleurs, s'unissent au laurier.

A vous, jeunes beautés, dont les mains attrayantes,
Viennent pour couronner nos armes triomphantes,
Vous qui semez des fleurs aux pieds de nos soldats,
De ces fiers combattants échappés au trépas,
Du haut de ces balcons lancez votre couronne,
Au sein de ces enfants de Mars et de Bellonne ;
Là, chacun choisit le bouquet, le plus beau
Et le char inondé, dépasse le niveau.
Mars sourit à ces dons, en l'honneur de la France,
Apollon ressaisit son chant de délivrance ;
Le peuple, les soldats, ensemble confondus,
Comptent une victoire, un triomphe de plus,

(1) Le coup-d'œil entre les places Dombasle et Stanislas, offrait un tableau ravissant d'animation par les drapeaux, les guirlandes et les couronnes lancées de toutes parts. Les préparatifs de cette fête improvisée avaient
été confiés au talent de M. Morey, architecte de la ville.

Respirant la grandeur de la cause sacrée,
Ta cause, ô Lombardie ! unie et délivrée.

A toi, noblé portique, emblême de la paix (1),
D'une sainte alliance annonçant le succès;
A toi, de rendre hommage aux vainqueurs d'Italie,
A ce beau dévouement qu'inspira leur génie;
Toi, qui vient refléter l'image d'un grand Roi,
Rappelant ses vertus, sa mémoire et sa foi;
Stanislas (2), dont chacun vante la bienfaisance,
L'amour pour ses sujets, la sage prévoyance.
Il veille encor sur nous, ce généreux soutien
Et pour nous protéger, debout, il tend la main;
Juste appréciateur d'un renom, pur, illustre,
Qui semble de nos jours, donner un nouveau lustre,
Le noble Maréchal, te salue en passant,
O ! Bienfaiteur du pauvre et de l'humble artisan.

Lentement mais toujours en triomphe, il avance,
Saluant d'un air noble et plein de bienveillance;
Au milieu de la foule, au bruit de ses clameurs,
A travers ces moissons de couronnes de fleurs,
Au spectacle pompeux de ce brillant cortège,
Près du glorieux char, qu'un flot de peuple assiége,

(1) Arc de triomphe élevé à la gloire du 5e corps de l'armée d'Italie, placé à l'entrée de la place Stanislas.

(2) Stanislas-le-Bienfaisant dont la statue en bronze fut érigée par la reconnaissance des trois départements unis (Meurthe, Meuse et Vosges) en 1851. Il est représenté en pied, d'une hauteur de quatre mètres, sur un riche piédestal en marbre blanc

Les généraux Anselme (1), Marey-Monge (2) et Ambert (3),
Au sein de ses splendeurs assistent Canrobert.

A l'ombre des drapeaux, quand chaque corps défile,
Hélas! je cherche en vain le brave Senneville (4),
Il manque à ce triomphe, il manque à notre amour;
Sa mort voile de deuil, l'éclat de ce beau jour;
D'un funeste destin que la France déplore,
De l'un de ses enfants l'étoile brille encore,
De même qu'Espinasse (5) affrontant l'ennemi,
D'un courage héroïque il succombe avec lui.
Si la gloire toujours est désirable et belle,
Que la guerre, parfois, est perfide et cruelle!
Pour braver ses périls, sans doute, il faut avoir
Un sentiment bien ferme et bien grand du devoir,
Mais quand une cohorte insulte la bannière,
Chacun de nos soldats prend son humeur altière;
Sous la balle homicide, il s'élance en avant :
Là, chaque officier vaut : un Turenne, un Vauban.

De la belle cité l'élan patriotique,
Etonne à chaque pas, par un effet magique,
Faisant de la Carrière un temple des beaux arts (6),
Pour fêter dignement l'émule des Bayards :

(1) M. le baron Anselme, chef d'état-major général du 3e corps d'armée,
(2) Général commandant de la 5e division militaire, à Metz.
(3) M. le baron Ambert, commandant la subdivision de la Meurthe et des Vosges.
(4) Colonel aide-de-camp du maréchal Canrobert.
(5) Général aide-de-camp de l'Empereur, tué à Magenta.
(6) Place de ce nom, entre l'Arc-de-Triomphe et le palais du Gouvernement, entourée d'un berceau d'arbres et de statues allégoriques.

Du palais somptueux les superbes arcades,
Les statues, les trophées ornant ces colonnades,
Ces sculptures fouillant de riches chapiteaux,
Ces arbres, ces tritons, ces fontaines, ces eaux,
Ces arcs où sont inscrits tant d'actes héroïques,
Ces symboles guerriers décorant ces portiques
Et ces mats orgueilleux flottant les trois couleurs
S'allient au sol jonché de verdure et de fleurs.
Tout donne à cette fête un concours d'harmonie,
Un séduisant aspect que chacun glorifie;
Du palais, le fronton vient frapper les regards;
En l'honneur de la Paix, brillent nos étendards.

Sous ces lambris dorés, quelle est cette affluence (1),
Ce concours empressé, cette noble assistance?
C'est qu'à peine installé, d'un air tout radieux
Chaque corps vient se rendre au poste officieux,
Et d'un élan sincère inspiré par son zèle,
Rend hommage à l'Empire, à son appui fidèle :
Devant cette union par l'amour inspiré,
Il s'efface et s'exprime avec urbanité;
Accueillant à la fois, ces respectueux gages,
Qui consacrent à jamais ces justes témoignages;
Comme représentant, oui! il tient à l'honneur
D'adresser tous ces vœux, au puissant Empereur.

(1) Réception par le Maréchal des autorités civile, militaire et des déléga-
tions des Sociétés mutuelles de Prévoyance et des Familles, etc.

FÊTE DE NUIT.

Au déclin de ce jour, la ville s'illumine,
Ainsi qu'en plein soleil, dans la rue on chemine,
La fanfare se mêle au rappel du tambour,
Sonnez, sonnez clairons, c'est le soir d'un beau jour.
L'étoile au ciel pâlit; mille jets de lumière,
Comme un vaste incendie, éclairent la Carrière;
Partout en traits de feu, retracent à nos yeux,
Du brave Canrobert, le chiffre glorieux.
Il se rend au théâtre et devant son cortège,
Chacun de nos pompiers, fier de ce privilège,
S'empresse de marcher, à sa droite portant
La torche qui scintille en feu de diamant.
On se presse au passage, et la foule en délire,
Elève jusqu'au ciel, la gloire de l'Empire :
Elle bénit son règne, elle bénit le jour,
Où l'Elu se rendit au choix de son amour.

D'un mouvement sublime, une foule empressée,
Acclame Canrobert à son heureuse entrée;
Orchestre, acteurs unis par le plus noble effort
Font retentir l'écho, d'un frémissant transport,
Et chacun, à l'instant d'un désir sympatique
Entonne, en chœur, un chant patriotique,
Ce chant, pur à la fois, doux et harmonieux,
Rappelant nos combats et nos faits glorieux,

(1) Mgr Menjaud, premier aumônier de l'Empereur, faisait parti du cortège à partir du palais du Maréchal jusqu'à la place Stanislas, un des aides-de-camp de Son Excellence reconduisit sa Hauteur à l'Evêché.

Célèbre l'union du Piémont à la France,
De l'Italie aux fers, la juste délivrance ;
Et d'immenses bravos élèvent jusqu'au Ciel,
Louis-Napoléon, Victor-Emmanuel.

O puissance d'un nom vénéré, populaire,
Lorsqu'il sort, à nos soins, il ne peut se soustraire ;
Mêmes ovations, même fête au retour,
Tout s'anime à l'instant et s'unit sans détour :
De nos musiciens, l'habile compagnie (1),
Prodigue, en son palais, des trésors d'harmonie ;
Que leurs accords sont beaux, enchanteurs et touchants !
Ils éveillent notre âme, ils émeuvent nos sens.

Puis le feu d'artifice, éclatant de lumière,
Vient animer encor cette pompe guerrière,
S'élance vers la nue en un superbe élan ;
Le salpêtre jaillit, tonne comme un volcan,
Retrace en traits de feu, l'Auguste allégorie,
De Napoléon III, du Prince et d'Eugénie ;
Et l'art ingénieux, enflamme tous les cœurs,
En ce beau jour de fête, adressée aux vainqueurs ;

O ! spectacle étonnant que tout un peuple admire,
Un bruit confus surgit, maint spectateur soupire,
D'une larme brûlante honorant les vertus,
De ceux de nos guerriers, hélas ! qui ne sont plus ;
Ah ! ces justes regrets, martyrs de la vaillance,
Le Ciel vous les devait pour votre récompense.

(1) La Société Chorale s'est rendue au Palais du Maréchal, à son retour
du spectacle, et a chanté ses plus brillants morceaux.

Gloire à vous fiers guerriers, inflexibles soldats,
Qui, de notre valeur dans de sanglants combats,
Avez sû maintenir l'antique renommée;
Gloire au Chef généreux de notre jeune armée;
Celle! qui s'abattait comme un vaste ouragan,
Aux champs de Palestro, Magenta, Marignan;
Gloire aux preux chevaliers qu'honore la Lorraine,
Unis à l'Elysée, au céleste domaine,
Duroc (1) et Gouvion (2), Drouot (3) et Molitor (4),
Grands noms, devant lesquels l'ennemi tremble encor.
Honneur à l'alliance, à l'œuvre du Génie,
A Napoléon III, sauveur de l'Italie.

J. GÉRARD.

Artiste, Membre de la Commission des Sciences et des Arts de Paris en 1840

(1) Michel Duroc, duc de Frioul, né à Pont-à-Mousson, grand maréchal du Palais sous Napoléon Ier, qui l'honorait de son amitié et de son entière confiance, fut tué d'un boulet de canon à la bataille de Vurschen, né en 1772 mort en 1813.

(2) Laurent Gouvion Saint-Cyr, né à Toul en 1764, maréchal de France sous Napoléon Ier, pair de France, ministre de la guerre et de la marine sous la Restauration, mort en 1830. Il méritait une double couronne, guerrier, philosophe, homme d'état consciencieux, écrivain profond quoique dogmatique; ce maréchal porta la science et l'humanité dans les camps. Capitaine en 1792, il était général de division en 1794.

(3) Antoine Drouot, de Nancy, né en 1774, décédé en 1847, fut un des premiers généraux de l'Empire et l'ami fidèle de Napoléon Ier. Drouot fut admirable dans la vie publique et dans la vie privée, brave, constant, charitable, pieux et surnommé le Sage de la grande armée.

(4) Gabriel-Jean-Joseph Molitor, né le 7 mars 1770, à Hayange (Moselle), maréchal de France, gouverneur des Invalides et grand-chancelier de la Légion-d'Honneur au moment de sa mort, le 28 juillet 1849, ses restes mortels ont été déposés à l'hôtel des Invalides, le 8 août suivant. La Hollande, la Suisse et l'Espagne connurent sa justice dans le maniement des affaires, comme sa valeur dans les combats. A la conquête de la Dalmatie il délivra Raguse, bloquée par 10,000 Monténégrins et 5,000 Russes, avec ses 1,700 hommes; aussi la reconnaissance et l'enthousiasme des habitants furent si grands qu'ils ajoutèrent au *Domine Salvum Imperatorem* ET NOSTRUM LIBERATOREM MOLITOREM.

NON INULTUS PREMOR

www.ingramcontent.com/pod-product-compliance
Ingram Content Group UK Ltd.
Pitfield, Milton Keynes, MK11 3LW, UK
UKHW022253070726
13613UKWH00005B/2272